5 minutos de aventuras de la Biblia

Para Laura y David R.J.
Para Renato y los muchachos O.T.

Texto © 2004 Lois Rock
Ilustraciones © 2004 Richard Johnson
Título de la edición original inglesa:

The Lion Book of Five-Minute Stories of the Bible
© 2004 by Lion Publishing plc, Oxford, Inglaterra

© 2013 Ediciones Certeza Argentina, Buenos Aires.

Contactos:
Ministerio a universitarios y secundarios: (54 11) 4331-5421
abua.nac@gmail.com | www.abua.com.ar

Editorial:
certeza@certezaargentina.com.ar | www.certezaonline.com

Ventas:Argentina
Tel./fax: (54 11) 4342-3835/8238 | pedidos@distribuidoracerteza.com
Exterior
Tel./fax: (54 11) 4331-6651 | ventas@certezaargentina.com.ar

Impreso en China

Rock, Lois
    5 minutos de aventuras de la Biblia. - 1a ed. - Buenos Aires : Certeza Argentina, 2013.
    96 p. : il. ; 26x22 cm.

    Traducido por Anabel Cañón
    ISBN 978-950-683-182-0

    1. Biblia. 2. Historias Bíblicas. I. Título.
CDD 220.7

5 *Minutos*
de Aventuras de la
Biblia

Narradas por Lois Rock
Ilustradas por Richard Johnson

CertezaArgentina
Buenos Aires

Índice

El comienzo del mundo

La primera historia de la Biblia trata del origen del mundo.

Hace mucho, mucho tiempo —incluso antes de que se escribiera la Biblia— posiblemente los padres narraban esta historia a sus hijos, de generación en generación. Su mensaje es claro: el mundo, y todo lo que hay en él, salió de Dios y pertenece a Dios.

EN EL COMIENZO —y esta historia es sobre el principio de todo el mundo— había una oscuridad enorme y total. Era algo cambiante y sin forma, como un mar oscuro y tormentoso.

Entonces habló Dios, y la voz de Dios debía obedecerse:

—Que haya luz— dijo Dios. De inmediato, la luz se abrió paso, clara y brillante, entre la oscuridad.

—Maravilloso —dijo Dios—. Llamaré "día" al tiempo de luz y "noche" al tiempo de oscuridad.

Y aquél fue el primer día.

Al día siguiente, Dios volvió a hablar: —Que haya una bóveda azul que mantenga alejada a la oscuridad cambiante y sin forma.

Se hizo de inmediato, y quedó espacio para el mundo bajo el enorme cielo azul. De ese modo, el segundo día llegó a su fin.

Al tercer día, dijo Dios: —Que el agua debajo del cielo se reúna en grandes depósitos, con tierra entre ellos. —Dios llamó "tierra" a los terrenos y "mar" a los depósitos de agua.

Dios quedó complacido, y volvió a hablar:

—Que la tierra se cubra con toda clase de plantas.

De la tierra negra surgieron plantas verdes con semillas. Desplegaron sus hojas y crecieron en la forma y el tamaño que Dios quiso. Aparecieron hierbas, verduras y árboles, flores y frutas, y miles y millones de semillas.

Cuando terminó el tercer día, Dios se sintió muy complacido con todo lo que había en el mundo recién creado.

Al cuarto día, Dios habló con una voz muy potente: —Que haya luces en el cielo: luces que indiquen cuándo es de día y cuándo es de noche; luces que cambien para marcar las estaciones del año.

Dios creó el brillante sol dorado para el día y la pálida luna para la noche. Y también hizo las estrellas.

Dios sonrió cuando el sol se ocultó tras el horizonte del mundo.

Al quinto día, Dios hizo toda clase de criaturas. Enseguida, los mares se llenaron de peces escurridizos y pulpos inquietos; tímidos cangrejos que se escabullían y medusas sorprendentes.

Unas aves recorrían el cielo celeste; otras cantaban en los árboles verdes y altos; y algunas se zambullían en las olas blancas.

—Esto es maravilloso —dijo Dios—. Escúchenme todas las criaturas. Esto es lo que tienen que hacer: tengan muchos, muchos hijos y hagan sus casas en el mundo que he creado para ustedes.

Al sexto día, Dios hizo a todos los otros animales: cabras y osos en las colinas, nutrias y vacas en los valles; jaguares y tapires en las selvas y, en los pastizales, conejos, ciervos y ñúes. Todos los animales eran diferentes. Algunos eran feroces y salvajes; otros eran tranquilos y dóciles, y algunos eran tan tímidos que no se animaban a salir de sus madrigueras.

—También ustedes deben tener muchos hijos y poblar la tierra —les dijo Dios.

Después, Dios creó a los seres humanos: el varón y la mujer. En cada persona había algo que decía, con más claridad que si estuviera escrito, "Hijo de Dios".

—Mi pueblo —dijo Dios—. Quiero que ustedes también tengan muchos hijos y hagan del mundo su hogar. Y escúchenme: los pongo al mando de todo lo que he creado. Cuídenlo muy bien, y el mundo les proporcionará todo lo que necesiten.

Así fue como se hizo todo el universo. Era magnífico, majestuoso y fuerte; pero también gentil, bueno y lleno de amor.

Al séptimo día, Dios dejó de trabajar.

—El séptimo día tiene que ser un día especial —dijo Dios—. Debe ser un día de descanso para todo lo que he creado. De ahora en más, será considerado un día de fiesta. ❧

El Jardín del Edén

La segunda historia de la Biblia trata sobre el primer hombre y la primera mujer. Dios había creado un mundo absolutamente perfecto. El hombre y la mujer vivían en un paraíso.

Pero, de pronto, aparece la tentación de desobedecer al Creador...

CUANDO DIOS CREÓ el mundo, plantó, en el Edén, un jardín donde abundaban árboles y se producía la fruta más deliciosa.

En medio del jardín se levantaba un árbol muy misterioso: todo el que comiera sus frutos podría conocer no sólo lo bueno sino también lo malo. Dios llevó el primer hombre al jardín.

—Adán —dijo Dios—, quiero que te ocupes de este lugar: todo lo que hay aquí es para que lo disfrutes. Sólo te hago una advertencia: no debes tocar nunca la fruta del árbol que crece en el medio del jardín. Te hará conocer no sólo las cosas buenas, sino también las malas; y entonces, al final, morirás.

Adán ni siquiera tenía tiempo de pensar en la fruta prohibida. Ya tenía su primer trabajo: ponerle un nombre a cada animal.

Una pequeña criatura saltó a sus pies y maulló.

—Hola, Gato —dijo Adán.

Una criatura más grande se adelantó, majestuosa. —Gato grande —anunció Adán. Avanzó una tercera criatura que tenía almohadillas de terciopelo bajo las zarpas. —¡Otro gato grande! —dijo Adán—. Bueno, uno puede llamarse "León", y el otro "Tigre".

Cuando todos los animales tuvieron nombre, Adán comenzó a explorar. Luego se sentó a descansar. Después recorrió lugares donde no había estado antes. Por fin, volvió a sentarse y suspiró.

—No es tan divertido estar solo —dijo con tristeza.

Entonces Dios creó a una mujer para que fuera compañera de Adán. Adán y Eva eran muy amigos y completamente felices.

Un día, la serpiente se acercó reptando a la mujer.

—Qué maravillossso essss verte —le dijo, retorciéndose antes de agregar: —Compartimosssss un jardín preciosssssso.

—Es estupendo —dijo Eva, muy de acuerdo.

—¿Lessss ha prohibido tocar algo? —preguntó la serpiente.

—Sólo un árbol —contestó Eva, despreocupada—. Dios nos dijo que no probáramos esa fruta porque conoceríamos no sólo las cosas buenas sino también las malas; y entonces, moriríamos.

La serpiente bufó despectivamente.

—¡Tonteríasss! —dijo—. Esss raro que Diosss haya dicho essso… sssalvo que no quiera que ustedessss sean ssssabios. ¡Diosss debe estar celosssso!

Eva miró el árbol. Su fruta era muy tentadora.

—¿Estás segura de que no hay nada malo en ella? —preguntó.

—Sssegura como una serpiente —le espetó—. Vamos. ¡Prueba!

Eva extendió la mano. Miró a la serpiente. Se encogió de hombros. Y luego tomó una fruta y la mordió.

—¡Increíble! —dijo—. Tengo que compartir esto con Adán.

—Mmmm —dijo Adán, cerrando los ojos para disfrutar del bocado—. Es algo fuera de lo común.

Abrió los ojos. —Ooh, ¿no se ve todo diferente?

—¡Ay, no! —exclamó Eva, alejándose—. ¡Estamos los dos desnudos!

Encontró una hoja grande y trató de envolverse con ella.

—Creo que debería cubrirme un poco —dijo, tímidamente.

—Yo también —asintió Adán. Los dos pasaron la tarde haciendo ropas sencillas con hojas.

Al atardecer, Dios llegó paseando por el jardín. Adán y Eva se escondieron entre los árboles.

—¿Dónde están? —llamó Dios. No hubo respuesta.

Dios volvió a llamarlos. El jardín estaba extrañamente silencioso y el aire se había puesto frío de repente. Después de un largo silencio, Adán se adelantó.

—Te escuché —dijo—, pero me oculté porque estoy desnudo.

—¿Quién te dijo eso? —preguntó Dios—. ¿Comiste la fruta que yo les pedí que no comieran?

—La mujer que creaste para que fuera mi amiga me la dio a probar —contestó Adán.

Eva bajó la cabeza. —La serpiente me engañó— murmuró.

Dios se puso muy triste. —¡Serpiente! —llamó, enfadado—. De ahora en adelante te arrastrarás sobre tu vientre y con tu lengua comerás el polvo.

Luego, se volvió a Adán y Eva.

—Y ustedes tienen que abandonar el jardín —les explicó.

Fuera del jardín encontraron cosas buenas y cosas malas. Adán y Eva tuvieron que trabajar para conseguir todo lo que necesitaban: trabajaron hasta agotarse, trabajaron hasta morir.

Dios puso un ángel que prohibía la entrada al jardín. El ángel tenía una espada que giraba en todas las direcciones y brillaba como un relámpago. No había posibilidad de regresar. ❧

Noé y la inundación

El mundo bueno que Dios había creado se llenó de maldad. En ese mundo confundido, las personas empezaron a discutir y a pelear unas con otras. Dios no les importaba. No les importaba lastimarse unos a otros. No les importaba para nada el mundo creado por Dios.

HACE MUCHO TIEMPO, vivió un hombre llamado Noé. Noé era un hombre bueno que amaba a Dios.

En eso, Noé era diferente de todas las otras personas que vivían en el mundo. La gente se había vuelto mala. Noé los escuchaba discutir todos los días; todos los días los veía pelearse.

Un día, Dios se acercó para observar mejor el mundo y vio a todas las personas malas. —Lamento haber creado este lugar —dijo Dios—. Se ha convertido en un desastre.

Entonces, Dios armó un plan, e incluyó en él a Noé.

—Voy a mandar un gran diluvio —dijo Dios—. Noé, quiero que construyas un barco. Con él te salvarás tú, tu familia y una pareja de cada especie animal.

Noé se puso a trabajar y construyó un barco (un arca) de madera buena y fuerte. Tenía que ser muy grande para que entraran su familia y todos los animales. Él y su familia la llenaron de heno, fruta, nueces y cereales. Luego fueron a buscar a los animales y a las aves. Una larga hilera de criaturas se acercó reptando y saltando, caminando y corriendo, brincando y volando.

Noé gritó: —¡Todos a bordo!

Después, el cielo se volvió gris oscuro. Y comenzó la lluvia. El agua de los ríos y los mares se desbordó. Inundó valles y planicies; luego subió por las colinas y cubrió los picos más altos de las montañas. El viejo mundo malvado había desaparecido.

Noé y su arca repleta quedaron solos en medio del gran diluvio gris. Flotaron sobre el agua durante muchos días y noches.

Pero Dios no los había olvidado. Un día, Dios envió un fuerte viento que despejó el cielo de nubes. Poco a poco, el agua comenzó a bajar. Pasaron semanas y semanas, y de pronto...

BRUUUUM. El arca quedó varada en la cima de una montaña.

—¿Qué hacemos ahora? —preguntó la familia de Noé, levantándose del suelo.

—Ahora esperamos —dijo Noé.

—Qué pena que no tengamos un lindo paisaje —dijo la esposa de Noé—. Lo único que se ve es agua.

Noé subía todos los días a cubierta para mirar el horizonte. Y todos los días volvía a bajar sin novedades.

—¿Por qué no envías un ave para que busque tierra? —le sugirió su esposa—. Puede ver más lejos que tú.

Noé eligió un cuervo. Se fue volando... pero nunca regresó.

—Eso debe significar algo —dijo Noé—, pero no sabemos exactamente qué.

Noé esperó un poco, y después envió una paloma. La paloma voló un rato, pero no tardó en regresar.

—Veo que no has encontrado nada mejor que este viejo barco apestoso —le dijo Noé, acariciándola con cariño—. Probaremos de nuevo la semana que viene.

A la vez siguiente, la paloma voló más lejos. Cuando regresó

por la tarde, traía una rama de olivo en el pico.

—Debe haber tierra seca no muy lejos —anunció Noé a su familia. A la semana siguiente, volvió a soltar a la paloma, pero ésta ya no regresó.

El agua, de a poco, comenzó a retirarse. El lodo brillaba bajo el sol. Comenzaron a brotar las semillas. Creció la hierba. Había llegado el momento de abrir las puertas del arca.

Noé y su tripulación festejaron y aplaudieron a medida que la larga hilera de animales comenzó a alejarse, reptando y saltando, caminando y corriendo, brincando y volando. Estaban ansiosos por construir sus hogares y criar a sus familias.

—Y ahora, nos toca festejar a nosotros —anunció Noé.

Y mientras celebraban, Dios les hizo una gran promesa.

—No volveré a enviar un diluvio como éste nunca más —les

dijo—. Mientras el mundo exista, siempre habrá verano e invierno,

un tiempo para sembrar semillas y otro para cosecharlas.

La brisa suave se llevó las últimas gotas de lluvia. Salió el sol.

—Miren —dijo Dios— Ésta es la señal de mi promesa: el arco iris.

Noé, su familia y todas las criaturas miraron los hermosos

colores que formaban un arco en el firmamento, como si fuera la

puerta de entrada al cielo. ❧

La torre de Babel

¡A veces, la gente puede ser muy soberbia! Esta historia muy antigua de la Biblia nos cuenta acerca de un pueblo que descubrió cómo construir ladrillos. Se sintieron tan orgullosos de ellos mismos, que decidieron construir una torre que subiera desde la tierra hasta el cielo.

Pero Dios tenía otra idea.

CUANDO EL MUNDO era joven, todas las personas hablaban el mismo idioma. Todos podían entender lo que decían los demás.

—Buenos días —decía alguien.

—Buenos días tenga usted —le contestaba otra persona.

—¿Están bien sus ovejas?

—Muy bien, gracias.

Al principio, las personas eran nómades errantes. Siempre se movían de un lado a otro, buscando lugares con buen pasto para sus rebaños. Pero un día llegaron hasta una gran llanura en Babilonia, un lugar donde los ríos caudalosos fluían todo el año y los árboles estaban cargados de frutas de estación. Era un buen lugar para vivir, y aquellas personas decidieron establecer allí su hogar.

—Miren cómo se seca el lodo del río bajo el sol —señaló uno—. Queda duro como la piedra. Podríamos juntar trozos de lodo seco y apilarlos para construir paredes con ellos.

—Y mejor todavía —dijo otro—: ¡podríamos moldear el lodo mientras está húmedo para que, al secarse, tenga la forma adecuada para construir un muro muy resistente!

—¡Excelente idea! —dijeron los demás. Y entonces comenzaron a construir ladrillos.

—Miren este líquido negro viscoso que sale por algunos lados —dijo otro de los constructores de ladrillos—. Es tan pegajoso que podríamos usarlo cuando todavía está húmedo para pegar los ladrillos. Entonces, cuando el líquido viscoso se seque, los ladrillos quedarán pegados. No podrán desmoronarse.

—¿Saben otra cosa? —dijeron más tarde—. Con esto podríamos construir casas. Podríamos construir una ciudad, y quedarnos aquí para siempre.

—Y como las paredes serían tan resistentes, también podríamos construir una torre que llegue muy alto… ¡hasta el cielo!

—Nuestra ciudad va a ser la más hermosa de todo el mundo —se dijeron—. ¡Vamos a ser famosos! ¡Vamos a tener poder! ¡Seremos los más grandes!

Entonces comenzaron a construir. Muy pronto completaron

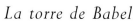

una gran torre cuadrada. Sobre ésa construyeron otra, y luego otra. Peldaño a peldaño, la torre se acercaba al cielo.

Y Dios bajó para ver la ciudad y su sorprendente torre.

—Pero… ¿quiénes se creen que son estas personas? —dijo Dios.

—Todo porque hablan el mismo idioma y se entienden unos a otros. Están empezando a creer que son súper-hombres. ¡Si logran construir esta torre, quién sabe lo que querrán hacer después!

Dios pensó un instante. —Ya les enseñaré —dijo.

El brillante plan de Dios se hizo evidente en cuanto las personas volvieron a reunirse para trabajar en la torre.

—Pásame un ladrillo —dijo uno.

—¡No insultes a mi familia! —fue la inesperada respuesta.

—¿Me están criticando? —preguntó otro, que tampoco podía entender a ninguno de los dos—. ¿Están hablando en código?

¡Dios les había dado idiomas diferentes!

Pronto, la gente comenzó a dividirse en grupos pequeños para murmurar y hablar juntos, temerosos de lo que podían estar diciendo los demás.

—¡Ahora no podremos construir nada! —se quejó uno de los grupos—. ¡No hay suficientes personas que entiendan lo que tienen que hacer para terminar la torre!

—No vamos a trabajar con personas que parlotean palabras raras —afirmó desdeñosamente otro de los grupos.

—¡Escuchen! —dijo Dios, riendo—. Bla, bla, bla. Todo el tiempo.

Las personas ya no podían hablar unas con otras. Poco a poco, cada grupo fue abandonando el lugar y buscó un nuevo sitio donde establecer su hogar.

Olvidada en la llanura quedaba la torre de los que no pudieron entenderse: la torre de Babel. Nunca la terminaron. ✑

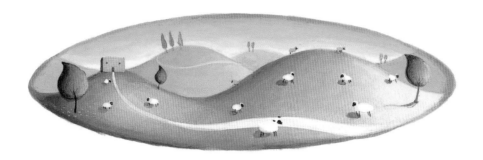

Abraham e Isaac

Al comienzo de la Biblia se cuenta la historia de Abraham.

En esa historia, Dios le hace a Abraham una promesa: será el padre de una gran nación y, a través de esa nación, Dios bendecirá a todas las personas del mundo. Sólo hay un problema: Abraham no tiene hijos.

ABRAM TENÍA que estar contento. Después de todo, era muy rico y poseía camellos y ovejas, cabras y ganado, y esclavos que se ocupaban de sus posesiones.

También tenía una esposa hermosa. Se llamaba Sarai y era una mujer leal y cariñosa.

—Pero no tengo lo que más quiero —suspiró Abram—. Sarai y yo no podemos tener hijos, como tanto anhelamos. —Y suspiró más profundamente que nunca.

En el silencio que siguió a sus palabras, Dios le habló a Abram:

—Tengo un plan para ti, Abram —le dijo—. Quiero que tomes a tu familia y que te dirijas a una nueva tierra. Allí te bendeciré: tendrás un hijo y también nietos; y los hijos de sus hijos formarán

una gran nación. Ellos llevarán mi bendición a todos los habitantes de la tierra.

Abram tenía mucha fe y le creyó a Dios. Para asombro de los vecinos, él y su familia partieron hacia la tierra de Canaán.

Pero todavía no era su hogar. Abram y su familia siempre iban de un lugar para otro, en busca de agua y pasto para sus animales.

La vida era dura. Un día, los sirvientes de Abram se pelearon con los de su sobrino. La pelea fue tan importante que decidieron separarse. A Abram le tocó la tierra más pobre, donde apenas había pasto suficiente para los animales.

Y Abram y Sarai seguían sin hijos.

—Ahora ya somos viejos —suspiró Abram—. No estoy seguro de que la promesa de Dios fuera verdad.

En el silencio que siguió a sus palabras, Dios le habló a Abram.

—Yo cumplo mis promesas —le dijo Dios—. Tendrán un comienzo nuevo y nombres nuevos. Te llamarás Abraham, y tu esposa será Sara. Ella tendrá un hijo, y lo llamarán Isaac.

Isaac nació al año siguiente. Abraham estaba feliz. Disfrutaba viendo crecer a su hijo fuerte y sano.

Un día, desde el silencio, Dios volvió a hablarle a Abraham.

—Sé que amas mucho a Isaac —le dijo—, pero quiero que me lo ofrezcas como sacrificio.

¿Como sacrificio? ¿A su propio hijo? ¿Qué debía hacer Abraham? Sabía que algunas naciones ofrecían a sus hijos como sacrificio a los dioses. ¿Acaso su Dios era como esos dioses? ¡Pero no podía negarle algo a Dios!

Al día siguiente, Abraham se preparó para llevar a cabo el sacrificio, y partió con su hijo y dos sirvientes.

Cuando llegaron al lugar elegido, Abraham pidió a los sirvientes que esperaran allí.

—Isaac puede ayudarme a subir las cosas que necesitamos —dijo.

Los dos subieron por la ladera de la montaña.

—Tenemos el cuchillo y leña para el fuego —comentó Isaac—, pero ¿dónde está el animal para el sacrificio?

—Dios proveerá uno —le contestó Abraham, sombrío.

Al llegar a la cima, Abraham construyó un altar con piedras. Colocó encima leña. Luego se volvió. Sujetó a Isaac, lo ató y lo colocó sobre la pila. Levantó el cuchillo.

Entonces, desde el silencio, Dios habló.

—Abraham, detente. No lastimes al niño.

Detrás de él, había un carnero con los cuernos enganchados en

un arbusto.

—¡Ése es el animal para el sacrificio! —exclamó Abraham, aliviado y feliz; y desató a Isaac—. ¡Dios nos proporcionó el animal para el sacrificio, después de todo!

Entonces, en el silencio, Dios volvió a hablarle a Abraham.

—Ahora estoy seguro de que siempre me obedecerás; y tú sabes con certeza que siempre mantengo mis promesas. Los hijos de tus hijos serán tan numerosos como las estrellas del cielo y como los granos de arena. A través de ellos, mi bendición llegará a todas las personas del mundo. ❧

José y los sueños misteriosos

Isaac, el hijo de Abraham, creció y tuvo dos hijos: Jacob y Esaú. Jacob tuvo doce hijos, pero a dos de ellos los amó más que a los demás: eran los más jóvenes, los hijos de Raquel, su esposa. Pero ser sus favoritos les causó muchos problemas.

JOSÉ TENÍA DIECISIETE años. Se sentía el rey del mundo.

—He tenido un sueño maravilloso —les contó un día a sus hermanos—. Estábamos todos cortando el trigo y formando atados. Entonces, mi atado se irguió derecho, y todos los demás atados vinieron a postrarse frente a él. ¿Saben qué creo que significa eso?

—Si crees que vamos a inclinarnos frente a ti, te equivocas —respondieron con sorna sus hermanos—. Somos mayores que tú.

Y José tuvo otro sueño. —Éste fue muy bueno —alardeó—. El sol, la luna y once estrellas bajaban y me hacían reverencias. Creo que fue una señal especial.

—Claro que sí —murmuraron sus hermanos—. Es una señal

especial de tu arrogancia.

Incluso su padre Jacob, que tanto lo quería, se enfadaba con él.

—Deja de decir esas cosas —le advertía—. Basta de soñar y despierta a la vida real.

Pero José siguió pavoneándose. Jacob le había regalado una túnica especial... la túnica que un padre le regala al hijo que será su sucesor en la familia.

—Es porque cree que soy el mejor —pensó José—. Y lo soy.

Así que, en cierta forma, José fue un poco responsable de lo que sucedió luego. Sus hermanos estaban lejos, cuidando los animales. Jacob envió a José a verlos para que se asegurara de que todo iba bien.

—¡Miren quién viene ahí! —dijeron sus hermanos—. ¿Nos deshacemos de él?

Cuando José llegó, lo agarraron, le quitaron la túnica y lo arrojaron a un pozo vacío.

Luego se sentaron a reír y hacer bromas mientras José estaba en el pozo, muerto de sed. Seguían riendo cuando divisaron una hilera de camellos que se acercaba por el desierto.

—¡Mercaderes! —exclamaron—. Podemos vender a José como esclavo. Seguramente conseguiremos un buen precio por él.

Sacaron a su hermano y lo vendieron a los mercaderes. Cuando regresaron a casa, le dijeron a Jacob que José había desaparecido.

—Probablemente fue atacado por algún animal —explicaron, tratando de parecer tristes.

En el lejano Egipto, José fue vendido a un hombre rico. Trabajó lo mejor que pudo, pero la esposa del hombre lo acusó de mal comportamiento. Por esa mentira, José fue llevado a la cárcel.

Los prisioneros tenían poco de qué hablar, excepto de sus sueños. Les gustaba contárselos a José, porque él se los explicaba.

José le dijo a un hombre que sería liberado… y así fue. Le dijo a otro que sería castigado… y así pasó.

El que había sido liberado estaba feliz, y se olvidó de José. Pero un día, el faraón de Egipto tuvo dos sueños muy raros.

—Hay un prisionero que sabría explicarlos —susurró el hombre al rey. Enseguida fueron a buscar a José y lo condujeron al palacio.

José le explicó el sueño al faraón: —En tu sueño, siete vacas gordas eran devoradas por siete vacas flacas; y luego siete espigas gordas eran devoradas por siete espigas delgadas. Los dos sueños significan lo mismo: habrá siete años de buenas cosechas pero después siete años de hambruna. Debes encontrar a una persona que se encargue de almacenar alimentos durante los siete años buenos, de modo que haya suficientes para los siete años malos.

—Te elijo a ti —le dijo el faraón. Y José se convirtió en la segunda persona más importante de todo Egipto.

Durante siete años, José se aseguró de que se almacenara mucho grano en enormes galpones. Después, las cosechas comenzaron a perderse en todas partes. Cuando la familia de José

supo que en Egipto se vendían alimentos, los hermanos viajaron para comprarlos.

Fueron llevados ante José y se inclinaron profundamente frente a él. Pensaron que se trataba de un príncipe egipcio, pero José los reconoció. *¿Podía confiar en ellos? ¿Debía perdonarlos?* Y, sobre todo… *¿dónde estaba su querido hermano Benjamín?*

Les hizo muchas preguntas y, cuando descubrió que Benjamín vivía, les ordenó que lo trajeran. Cuando regresaron, José les dijo:

—Llévense los alimentos. Tomen todas las bolsas que quieran.

En secreto, pidió a sus sirvientes que ocultaran una copa de plata en la bolsa de Benjamín. Después, lo acusó de ser un ladrón.

—Debes permitirle que se marche —le rogaron sus hermanos—. Nuestro padre morirá de pena. Ya ha perdido a uno de sus hijos. Castiga a uno de nosotros en su lugar.

José se emocionó. Comprendió que estaban arrepentidos de lo que habían hecho, y él estaba listo para perdonarlos. Entonces les dijo quién era en realidad y los invitó a mudarse a Egipto.

—Dios me envió aquí hace mucho tiempo para que ahora yo pueda ofrecerles un hogar seguro —exclamó. Fue como un sueño hecho realidad. ☙

¡Hay un bebé en la cesta!

Toda la familia de José se mudó a Egipto y allí establecieron su hogar. Pasaron los años, y la familia creció hasta convertirse en una nación: los israelitas. Pero llegó un nuevo rey al poder. Este rey no sabía nada de José... y no le gustaba en absoluto tener otro pueblo dentro de su país.

EL REY DE EGIPTO frunció el ceño. Miró el suelo con el ceño fruncido. Miró el techo con el ceño fruncido. Miró a sus cortesanos con el ceño fruncido. —Estoy pensado que no soy feliz.

Todos sus cortesanos se desvivieron por parecer útiles. Un rey infeliz siempre significaba malas noticias para alguien, y ninguno quería ser ese alguien.

—Esa gente que vive en nuestra tierra —dijo el rey—, a los que llaman *israelitas*. Me molestan. ¿Qué pasaría si decidieran unirse a nuestros enemigos y levantarse contra nosotros? Son demasiados. Es preciso que hagamos algo. No deben seguir multiplicándose.

—Hagámoslos esclavos —sugirió uno de sus cortesanos—. Necesitamos muchos esclavos para construir las hermosas ciudades que tú quieres, y los esclavos no duran mucho tiempo. El trabajo acaba con ellos.

—Buena idea —dijo el rey—. ¡Encárgate de eso!

Y así los israelitas se convirtieron en esclavos.

Pero el pueblo israelita era un pueblo fuerte. No murieron todos, y las mujeres siguieron teniendo muchos hijos. Pronto, había todavía más israelitas que antes.

El rey volvió a fruncir el ceño. Miró el suelo con el ceño fruncido. Miró el techo con el ceño fruncido. Miró a sus cortesanos con el ceño fruncido. —Estoy pensado que no soy feliz.

Nuevamente, todos sus cortesanos trataron de mostrarse útiles. Un rey infeliz siempre significaba malas noticias para alguien, y ninguno quería ser ese alguien.

—Los israelitas siguen multiplicándose —dijo—. Así que éste es el nuevo plan mejorado: de ahora en adelante, todos sus hijos varones recién nacidos deberán ser arrojados al río Nilo.

Los soldados del rey obedecieron estas crueles órdenes. Pero una mujer israelita estaba decidida a que su hijo recién nacido no muriera. Durante tres meses lo mantuvo escondido en su casa. Después necesitó un plan diferente. Su hija Miriam fue su gran ayuda.

Primero, la madre confeccionó una buena cesta. La cubrió con alquitrán para hacerla resistente al agua, como si fuera un bote. Ahí colocó con cuidado a su hijo y llevó la cesta hasta el río. Y allí, entre los juncos, escondió a su bebito.

—Yo lo vigilaré —le prometió Miriam—. Me quedaré aquí para asegurarme de que no le ocurra nada malo.

Mientras estaba vigilando, pasó por el lugar la hija del rey con sus doncellas.

—¡Qué playa más hermosa para tomar un baño! —la oyó exclamar Miriam—. Con todos estos juncos alrededor, podemos estar seguras de que nadie nos observará y… ¡oh!

Dejó de hablar, miró entre los juncos y gritó:

—Allí hay una cesta. ¿Pueden ir a ver qué contiene?

Una de sus doncellas entró en el agua y sacó la cesta.

—Nunca adivinarás… —comenzó a decir.

–¡UN BEBÉ! –exclamó la princesa–. ¡Y está llorando!

Lo tomó en sus brazos y comenzó a acunarlo.

–Debe ser uno de los bebés israelitas... una madre inteligente está tratando de salvar a su hijo. Es hermoso. Creo que voy a quedarme con él.

Miriam se adelantó tímidamente.

–Conozco a alguien que podría criar al niño por usted –dijo–. Podría traerla ahora mismo, si usted quiere.

–Eso sería muy conveniente –contestó la princesa, sonriendo–. ¡Sí, por favor! Me gustaría que trajeras a esa persona ahora mismo.

Miriam corrió hasta su casa y volvió con su madre a toda velocidad: nunca había corrido tan rápido.

La princesa le preguntó: –¿Podrías criar a este bebito para mí? Te pagaré por hacerlo y, cuando el niño haya crecido, lo adoptaré.

La princesa volvió a sonreír. La niña sonrió aún más. Y la mamá del bebé, al que llamaron Moisés, sonrió más que nadie. ⤸

Moisés y la gran huida

Moisés fue criado como un príncipe de Egipto. Él sabía que su familia verdadera era israelita y que su pueblo estaba esclavizado. Un día, decidió ver con sus propios ojos cómo vivían.

DESDE QUE TENÍA MEMORIA, Moisés había vivido en un palacio. Era rico. La vida era perfecta.

—Pero yo no soy un verdadero egipcio —se recordó a sí mismo—. Mis padres eran israelitas. En realidad, me gustaría saber más sobre mi propio pueblo… aunque sólo son esclavos.

Lo que vio lo dejó impresionado: los esclavos parecían muy tristes, muy delgados, muy cansados.

En cambio, los egipcios que los hacían trabajar parecían malos. Les gritaban y los golpeaban con sus látigos. Uno de ellos golpeó tan fuerte a un esclavo que éste cayó al suelo. Moisés se indignó.

—¿Cómo te atreves a tratar de esa manera a mi pueblo? —le

dijo. Y golpeó al jefe de esclavos.

Para su desesperación, el jefe de esclavos cayó muerto al suelo.

Moisés miró a su alrededor. ¡Qué desastre! ¿Qué podía hacer? Enterró rápidamente el cadáver en la arena y huyó.

Al día siguiente volvió al lugar. Vio a dos israelitas peleando y les pidió que dejaran de hacerlo. Le contestaron: —¿Quién eres para pedirnos eso? ¿Acaso vas a matarnos como mataste al egipcio?

Moisés comprendió que lo habían visto. Temiendo por su vida, huyó de la ciudad.

En el desierto, se convirtió en pastor. Un día, vio algo muy extraño: una zarza frente a él ardía en llamas... sin quemarse. Moisés se acercó.

—Quítate las sandalias —dijo una voz desde el cielo—. Estás pisando tierra sagrada.

¡Sólo podía ser Dios! Maravillado, Moisés hizo lo que le decía.

—Moisés —dijo Dios—, quiero que rescates a mi pueblo. Sácalos de Egipto. Llévalos a una tierra donde puedan hallar un hogar.

Moisés protestó. Moisés discutió: —El rey no me creerá. No soy bueno con las palabras.

—Puedes pedirle a tu hermano Aarón que hable por ti

—respondió Dios—. Ahora, ve.

Los dos hermanos fueron a ver al rey de Egipto. El rey los miró con los ojos entrecerrados y les hizo una señal para que hablaran.

—El Dios de los israelitas manda decir: deja partir a mi pueblo.

—¿De qué están hablando? —respondió el rey, burlón—. No sé nada sobre ese supuesto Dios.

A sus cortesanos les dijo: —Hagamos la vida más difícil a los esclavos. Que trabajen todavía más duro.

Moisés y Aarón volvieron una y otra vez para darle al rey el mensaje de Dios. Y una y otra vez, el rey los echó de su presencia.

Dios envió desastres como advertencia. Primero, el río se volvió

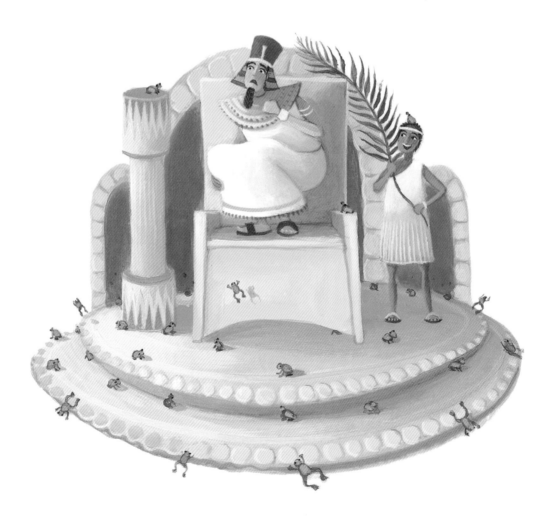

rojo, y después millones de ranas llegaron saltando a Egipto.

Luego hubo una invasión de mosquitos, y más tarde de moscas. A continuación, los animales del campo enfermaron y murieron. Y a la gente comenzaron a aparecerle dolorosos forúnculos. Una invasión de langostas llegó desde el desierto y comió cada trozo de hoja verde. Finalmente, el cielo se oscureció durante tres días.

—No voy a dejarlos marchar —seguía diciendo el rey.

Dios volvió a hablarle a Moisés.

—El pueblo será libre. Diles a todos que se preparen. Pídeles que cocinen un cordero para la cena de despedida, y que marquen las puertas de sus casas con la sangre del animal, porque el ángel de la muerte pasará por las casas de los egipcios y matará a los primogénitos.

Cuando ocurrió este desastre, el rey cambió de idea. Y Moisés guió a su pueblo fuera de Egipto.

Sólo alcanzaron a llegar hasta una zona de pantanos y juncos, cuando el rey volvió a cambiar de parecer.

—Quiero de vuelta a mis esclavos —tronó—. ¡Envíen mis carros más veloces y atrápenlos AHORA!

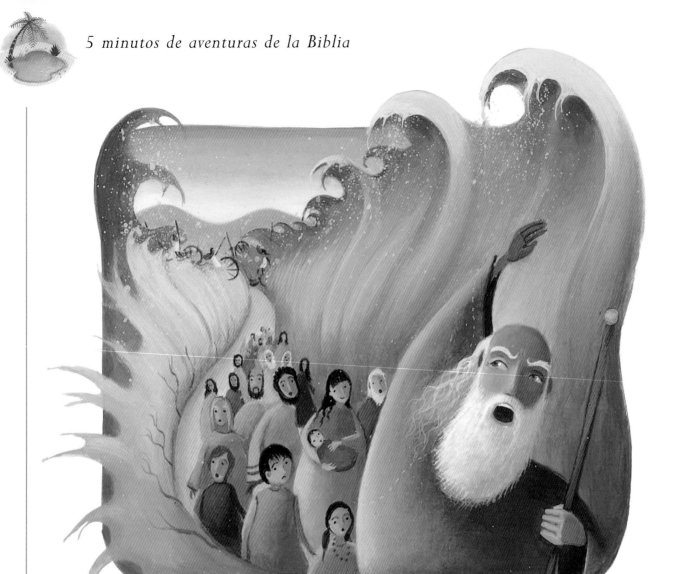

Los israelitas vieron venir al ejército y comprendieron que estaban atrapados entre los soldados y el agua. Dios habló a Moisés: —¡Levanta tu brazo!

Cuando lo hizo, Dios envió un fuerte viento que abrió un camino entre las aguas y los juncos. Los israelitas cruzaron del otro lado, pero los carros egipcios se hundieron en el lodo.

—¡Dios nos ha rescatado! —gritó Moisés, y todos los israelitas comenzaron a celebrar. ❧

Samuel escucha una voz

Moisés guió a los israelitas fuera de Egipto. En el camino, les dio las leyes de Dios (los diez mandamientos) que explicaban cómo debían vivir en su nueva tierra. Finalmente llegaron y allí establecieron sus hogares. Cuando obedecían la ley de Dios, todo iba bien. Cuando no lo hacían, las cosas salían mal.

Ésta es la historia de uno de los grandes líderes que Dios envió para ayudarlos a distinguir el bien del mal.

HACE MUCHO TIEMPO, en una pequeña aldea en las montañas, vivió un hombre llamado Elcaná. Tenía dos esposas, como era la costumbre de la época. Una de ellas se llamaba Peniná y tenía varios hijos. Elcaná estaba muy orgulloso de ser padre. La otra esposa se llamaba Ana. Elcaná la amaba más que a Peniná, pero Ana era muy infeliz porque no tenía hijos. Peniná siempre se lo recordaba y hacía sentir muy mal a Ana.

Un día, la familia fue a adorar a Dios a un lugar llamado Silo. Allí había un santuario: era una tienda montada con telas finas, y en

su interior había una hermosa caja dorada: *el arca de la alianza.*
Dentro de la caja se encontraba la copia de las leyes que Dios le
había dado a su pueblo mucho antes, en tiempos de Moisés.

El anciano Elí era el sacerdote principal del santuario. Elí
trataba de enseñar a la gente cómo quería Dios que vivieran, pero
no lograba muy buenos resultados. Hasta sus propios hijos
desobedecían a Dios… ¡y eso que ellos también eran sacerdotes!

Aun así, Ana estaba convencida de que el santuario era especial y
que allí Dios escucharía sus oraciones. Mientras rezaba, no dejaba
de llorar y llorar. El sacerdote Elí la vio. No comprendió lo que
pasaba y le molestó tanto llanto.

—¿Qué le sucede? —le preguntó, enojado—. Parece que hubiera
estado bebiendo demasiado. Váyase de aquí.

—No es eso —le respondió Ana—. Es que estoy muy triste, y le
estoy contando a Dios mis problemas.

—Ah —dijo Elí, algo malhumorado—. Bueno, en ese caso, que
Dios escuche sus plegarias.

Ana se marchó sintiéndose un poco más feliz. Y un año después,
fue muchísimo más feliz porque tuvo un hijo al que llamó Samuel.
Cuando aún era pequeño, Ana lo llevó al santuario para mostrárselo
a Elí.

—¿Me recuerda? —le preguntó—. Soy aquella mujer que usted vio
rezando. Bueno, Dios escuchó mis plegarias. Éste es el niño que yo
tanto deseaba. Ahora que ya no es un bebé, voy a dárselo a Dios,
para que lo sirva a Él toda la vida.

Elí se hizo cargo del pequeño Samuel. Ana regresaba todos los años a visitarlo y le llevaba ropas nuevas que ella misma cosía.

Mientras tanto, Samuel aprendía cada vez más sobre Dios y sobre la manera en que se le debía rendir culto. Le interesaban mucho todas esas cosas, mientras que a los hijos de Elí, no. De hecho, ellos se comportaban cada vez peor.

Una noche, mientras Samuel estaba durmiendo cerca del lugar en que se guardaba la caja dorada, oyó una voz que lo llamaba.

Debe ser Elí, pensó Samuel. Se levantó y fue a ver al sacerdote,

porque sabía que el anciano estaba casi ciego.

—Me has llamado —le dijo Samuel—. Aquí estoy.

—No, no lo he hecho —dijo Elí—. Vuelve a la cama.

Samuel obedeció, pero volvió a oír la voz y regresó junto a Elí.

—Me has llamado —dijo— y aquí estoy.

—Yo no te he llamado —repitió Elí, algo enfadado—. Vuelve a la cama.

Pero lo mismo volvió a pasar una tercera vez. Entonces, Elí comprendió lo que sucedía.

—Es Dios el que te está llamando, Samuel —le dijo y, por primera vez en mucho tiempo, su voz sonó dulce y amable—. Si vuelve a llamarte, dile: "Habla, Señor; te escucho y estoy dispuesto a hacer lo que quieras."

Dios volvió a hablar. Le dijo a Samuel que los malvados hijos de Elí iban a ser castigados. Cuando Elí se enteró de eso se puso muy triste, pero comprendió que Dios tenía razón. Y comprendió que Dios había elegido a Samuel para algo especial.

A medida que Samuel crecía, todos veían que era un profeta: alguien que hablaba con la sabiduría de Dios.

Samuel se convirtió en un gran líder de su pueblo. Los ayudó a tomar decisiones sabias y a vivir de manera justa y buena. ❧

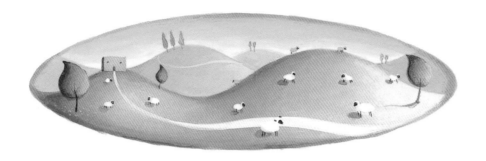

David y Goliat

Samuel dio a los israelitas consejos sabios durante toda su vida y, cuando fue anciano, la gente le pidió que eligiera a su próximo líder.

—No queremos un profeta —le dijeron—. Queremos un rey, como las demás naciones. Un rey que nos haga ganar batallas y ser fuertes.

Samuel sabía que estaban tomando una mala decisión. Pero le rezó a Dios, y Dios le dijo que dejara que el pueblo tuviera un rey. Incluso le dijo a Samuel quién sería: un joven llamado Saúl.

Pero las cosas no funcionaron bien porque Saúl no hizo lo que Dios quería. Dios le dijo a Samuel que eligiera al hombre que sería rey cuando Saúl muriera: el valiente David. Ésta es la historia de cómo David ayudó a Saúl, aunque sabía que él sería el siguiente rey.

L OS SOLDADOS MIRARON al otro lado del valle. Sobre la cima había un ejército de soldados filisteos, feroces y audaces.

En ese mismo momento, dos filisteos llegaron al galope. El que estaba adelante sostenía el escudo del otro.

Los israelitas contuvieron la respiración, asustados. Uno de los

filisteos era un auténtico gigante. Su armadura de bronce brillaba bajo el sol. Llevaba una jabalina y una espada. Su enorme lanza tenía una hoja de hierro afilada y mortal.

—¿Qué hacen aquí, cobardes esclavos del rey Saúl? —gritó el gigante—. Atrévanse a pelear conmigo: soy Goliat.

Los soldados israelitas se amontonaron unos con otros.

—Les propongo un trato —añadió Goliat—. Si alguno de ustedes, grandísimos cobardes, se atreve a luchar conmigo y me vence, nos rendiremos ante ustedes. Pero si yo venzo a su pequeño campeón, perderán todos.

Y rió con malicia y crueldad.

Mientras Goliat regresaba junto al resto de su ejército, los israelitas comenzaron a susurrarse unos a otros:

—¿Te atreves tú a pelear con ese gigante?

—Noo, yo no ¿Y tú?

—Ni soñando.

—¡De ninguna manera!

Al día siguiente volvió a ocurrir lo mismo. Y también al siguiente; Goliat repitió su desafío durante cuarenta días.

Entre los soldados israelitas había tres hermanos que eran de la ciudad de Belén. Tenían un hermano menor llamado David, que solía quedarse en casa cuidando las ovejas. Un día, su padre le pidió que fuera a llevarles a sus hermanos algo de comida.

Cuando David llegó al campamento, encontró a sus hermanos listos para recibir las órdenes del día. Entonces Goliat se adelantó desde la tropa filistea y gritó su desafío.

Los soldados dijeron: —El rey Saúl ha prometido una gran recompensa al que se anime a pelear con Goliat.

David prestó atención: —¿Qué recompensa? —preguntó, ansioso—. A mí me gusta ganar.

Y frunció el ceño: —Pero, ¿cómo

se atreve ese bruto a pensar que puede vencernos? Dios ha prometido que nos ayudará contra nuestros enemigos.

En ese momento, se acercó el hermano mayor de David.

—¿Qué estás haciendo aquí? —le preguntó bruscamente—. ¡Pequeño insolente! ¿Por qué no estás en casa cuidando las ovejas?

—Sólo preguntaba... —dijo David, y se alejó. Pero a todos los que encontró les dijo: —Me enfrentaré a él. Y lo venceré.

Cuando el rey Saúl se enteró de que había alguien interesado en enfrentarse a Goliat, quiso verlo.

—No hay que temer a ese soldado gigantón —le dijo David a Saúl—. Yo pelearé contra él. Y lo venceré. Por favor, deme la oportunidad de hacerlo.

—¡Pero si eres sólo un niño! —dijo Saúl.

—Soy un niño pastor —contestó David—. Y he matado leones y osos para proteger a mis ovejas. Si Dios puede salvarme de los animales salvajes, también me protegerá de Goliat.

—Si estás seguro de que quieres enfrentarte a él —le ofreció Saúl—, al menos llévate mi armadura.

David se la probó, pero era demasiado pesada.

—Estaré mejor sin ella —dijo alegremente.

Tomó su cayado y una honda para arrojar piedras. Luego se dirigió al valle y juntó cinco piedras del arroyo.

—¿Un palo? —rugió Goliat—. ¿Crees que soy un perro?

—Tienes grandes armas —le contestó David—, pero yo confío en el gran Dios de mi pueblo. Por eso sé que voy a ganar.

Goliat caminó hacia David. David corrió hacia el gigante,
colocó una piedra en su honda, le dio impulso y la lanzó.

La piedra golpeó a Goliat. El gigante cayó pesadamente al
suelo. David se acercó y mató al soldado con su propia
espada.

Los filisteos huyeron. Los israelitas festejaron.
¡Habían ganado! ¡HABÍAN GANADO!

Jonás y el pez gigante

En el tiempo en que transcurrió esta historia, había un gran imperio al norte de las tierras de Israel: el imperio asirio. Su capital era Nínive. Y se decía que los ninivitas eran las personas más malvadas del mundo.

JONÁS ERA un profeta: transmitía a la gente mensajes de Dios.

Un día, Dios le dio un nuevo mensaje: —Jonás, quiero que vayas a Nínive. He oído que ahí la gente es muy mala. Ve y diles lo mal que se están portando.

A Jonás eso no le hizo ninguna gracia.

—No pienso ir a Nínive —se dijo—. El pueblo de Nínive no merece ninguna advertencia. Me iré a alguna otra parte.

Y fue hasta a una ciudad que estaba junto al mar. Uno de los barcos del puerto estaba a punto de zarpar para la lejana España.

Por favor, quisiera comprar un pasaje —le anunció Jonás al capitán. El capitán se encogió de hombros. ¿Un pasajero que quería pagar? ¿Por qué no?

Jonás se acomodó en el barco y sonrió. Pronto estaría muy

lejos de Nínive: tan lejos que ni Dios iba a poder encontrarlo.

El barco zarpó. Jonás observó cómo desaparecía la tierra. Vio cómo el cielo se oscurecía y salían las estrellas. *Hora de dormir*, pensó, desperezándose.

Pero cuando Jonás se acostó, comenzó a soplar el viento. El viento se convirtió en un vendaval y pronto la tormenta zarandeaba el barco de un lado a otro sobre olas enormes.

—¡Vamos a naufragar! —gritaron los marineros—. ¡Hay que

arrojar la carga por la borda para que el barco quede más liviano!

A todo esto, Jonás, muy tranquilo, dormía en un rincón.

—¡Arriba! —dijo el capitán—. Reza a tu Dios para que nos salve.

Los marineros estaban cada vez más asustados.

—¡Qué extraño! —dijeron—. Es como si la tormenta indicara que uno de nosotros ha hecho algo malo y su dios lo está castigando.

Todos se pusieron a pensar quién podría ser el causante del problema. Y claro, se les ocurrió que podía ser Jonás.

—¡Tú! —lo acusaron a los gritos—. ¿Qué has hecho?

—Yo estoy... eh... huyendo —admitió Jonás—. De Nínive. Bueno, en realidad estoy huyendo de Dios.

Suspiró: —Es mi culpa. Arrójenme al mar y estarán a salvo.

—Bueno, no es para tanto… —contestaron los marineros.

—Sí, es lo que deben hacer —les aseguró Jonás, y finalmente los marineros aceptaron.

—¡No nos culpes, Dios! —gritaron, y lo arrojaron por la borda.

La tormenta acabó. Los marineros estaban a salvo. Y Jonás se hundió muy, muy, muy profundo.

Es el fin, pensó Jonás. Pero cuando creía que ya no podría aguantar más la respiración, se acercó un pez enorme y lo tragó.

Dentro del pez, Jonás tuvo tiempo para pensar.

—Éste no es un pez común —le dijo a Dios—. Es tu pez. Por favor, sálvame la vida y haré lo que Tú quieras.

El pez llevó a Jonás hasta una playa y lo escupió sobre tierra seca. Ahora Jonás ya no pensaba desobedecer a Dios por segunda vez, y fue directamente a Nínive.

—Tengo un mensaje de Dios —anunció—. Dios ha visto que se portan muy mal. Y Dios va a destruir esta ciudad.

—¡Ay, no! —lloró la gente—. ¡Hemos sido descubiertos!

—¡Ay, no! —lloró el rey—. Tiene razón. Tenemos que cambiar de conducta. Pidamos perdón a Dios y quizás Él nos perdone.

El rey ordenó que todos rezaran a Dios expresando cuán apenados estaban por las cosas malas que habían hecho.

Dios los perdonó, y Jonás se enfadó mucho.

—¡Sabía que estabas planeando algo así! —le gritó a Dios—. Siempre perdonas a la gente que te dice que está arrepentida. Por mí, prefiero morir antes que ver a los ninivitas perdonados.

Jonás abandonó la ciudad y encontró un lugar en el que podía estar solo. Dios hizo que una planta creciera justo a su lado. Tenía grandes hojas verdes y le daba a Jonás una sombra buena y fresca.

—Mmmm —dijo Jonás, adormilándose.

—Zzzzz —suspiró, mientras se dormía plácidamente.

A la mañana siguiente, se acercó un gusano que comió parte de la planta, haciendo que las hojas se secaran bajo el sol.

—Esto es terrible —se quejó Jonás—. Me muero de calor. Y mi pobre planta está arruinada.

—Ah, ¿te apenas por una planta? —le dijo Dios—. Bueno, si a ti te preocupa una planta, a mí me preocupa Nínive. Amo a Nínive. Amo a su gente, amo a sus niños y amo a sus animales. Yo soy un Dios que perdona, un Dios de amor. Así soy yo. ❧

Daniel y los leones

La historia de Daniel no ocurrió en la tierra de Israel. Hubo un tiempo en el que el pueblo israelita fue derrotado por poderosos ejércitos. Muchos israelitas fueron llevados a vivir muy lejos, a la ciudad del gran gobernador del imperio. Darío se había proclamado emperador de todo el mundo… bueno, al menos de las partes del mundo que él conocía. Tuvo que encontrar a 120 personas buenas que lo ayudaran a gobernar. Entre ellos, había un hombre llamado Daniel.

DANIEL ERA el mejor del grupo. Darío lo comprendió enseguida. —Debo poner a Daniel a cargo de las tareas cotidianas, para que todo funcione mejor —se dijo, y comenzó a hacer planes para ascender a Daniel.

Las otras personas importantes que trabajaban para Darío pronto se enteraron del plan del emperador. Y se pusieron muy celosas. —Tenemos que encontrar el modo de que Daniel se meta en problemas —dijeron—: Un pequeño escándalo no vendría nada mal. El problema es que Daniel es muy honesto.

—En algo Daniel es un poco... mmm... raro —comentó uno—. Es muy religioso; siempre está rezando al Dios de su pueblo.

—Mmmm —murmuraron los otros. Y sonrieron con astucia.

—Qué preocupante...

Luego fueron a ver al emperador.

—¡Oh, Darío, larga vida a Su Majestad! —lo saludaron, postrándose ante él—. Nosotros, tus consejeros principales, hemos dado con una nueva idea que te ayudará a asegurarte de que en tu imperio todos te son completamente leales.

—¡Ajá! —dijo Darío, a quien le gustaba sentirse importante.

—Exhortamos a Su Majestad a que apruebe una nueva ley. Durante treinta días, nadie en el imperio podrá rezar a nadie, a

nada ni a ningún dios. Deberán hacer eso para demostrar que creen que tú eres más grande (mucho, mucho más grande) que cualquier otra persona o dios. Si desobedecen, sufrirán un terrible castigo: serán arrojados al foso de los leones. Y, como todo el mundo sabe, tus leyes no deben ser cambiadas.

—Excelente —aprobó el rey—. Promulgaré esa ley de inmediato.

Daniel escuchó el anuncio de

la nueva ley y suspiró. *Pero yo creo que lo correcto es ser leal a Dios*, pensó. Así que fue a una de las habitaciones de su casa. Sus ventanas miraban hacia la lejana Jerusalén, donde antes su pueblo adoraba a Dios en el templo. Allí, como siempre, rezó a Dios.

Pero sus enemigos lo estaban espiando.

—¡Perfecto! —rieron. Y fueron a contárselo a Darío.

—¡Oh, rey! —dijeron tratando de parecer tristes (lo que resulta bastante difícil cuando uno está resplandeciente de alegría)—, ¡ha ocurrido una cosa terrible! Daniel, en quien tanto confías, te ha desobedecido. Conoce tu nueva ley, pero lo hemos visto rezándole a su Dios.

—¡Oh, no! —exclamó el rey—. Tendría que haber pensado en eso. Ya conozco esa religión extraña a la que pertenece. Pero Daniel es tan valioso para mí que la ley no puede aplicársele. Lo ignoramos y ya está.

–Oh, rey –dijeron los enemigos de Daniel–, no puedes hacer eso. Dictaste una ley y debes cumplirla. Hay que castigar a Daniel, o todos se creerán con derecho a ignorarte a ti y tus leyes.

–Claro que no –respondió Darío.

–Claro que sí –dijeron los hombres. Discutieron un buen rato, pero al final Darío supo que tendría que hacerles caso.

–Ésta es una confusión lamentable –le susurró Darío a Daniel mientras lo llevaban al foso de los leones–. Pero como tu Dios te

ha metido en este problema, quizás también pueda sacarte de él.

Los soldados arrojaron a Daniel al foso y cerraron la entrada con una piedra. Darío se alejó con el ceño fruncido.

—Estoy tan preocupado por Daniel que esta noche no podré dormir —se lamentó—. No, no quiero una cena deliciosa, ni música exótica ni danzas festivas.

Se pasó toda la noche en vela, preocupándose por Daniel.

En cuanto salió el sol, el rey corrió hasta el foso de los leones.

—¿Sigues con vida, Daniel? —gritó—. ¿Te ha salvado tu Dios?

—Larga vida a Su Majestad —contestó Daniel alegremente—. ¡Estoy muy bien! Dios sabe que no he hecho nada malo y envió a un ángel para que me salvara de los leones.

El rey estaba feliz. Hizo sacar a Daniel del foso y exclamó:
—¡Ahora voy a mostrarles quién manda en este lugar! —exclamó—. Voy a deshacerme de las personas que querían deshacerse de ti —le dijo a Daniel.

Todos los enemigos de Daniel fueron arrojados al foso. De inmediato, los leones saltaron sobre ellos. ~

El nacimiento de Jesús

El pueblo de Israel creía firmemente que era el pueblo de Dios.
Después de todo, Dios le había hecho una promesa a Abraham. Moisés
y Samuel los habían ayudado a vivir como pueblo de Dios. Las leyes de
Dios los habían ayudado a distinguir el bien del mal. El gran David
había ganado batallas y, cuando se convirtió en el rey del pueblo,
comenzó a construir la gran ciudad de Jerusalén. También vivieron
tiempos difíciles, como cuando los asirios destruyeron la mitad de la
nación, y cuando los babilonios capturaron Jerusalén y la dejaron en
ruinas. Ahora estaban sometidos al imperio romano.

El pueblo de Israel esperaba que un día Dios enviaría al Mesías, un
nuevo líder... alguien que los ayudaría a vivir como el pueblo de Dios.

EN LA PEQUEÑA ciudad de Nazaret vivía una joven llamada
María. María estaba comprometida para casarse. Eso era muy
emocionante, pero sucedió algo que fue a la vez sorprendente y
alarmante: se le apareció un ángel.

—¡Dios te salve, María! No tengas miedo —le dijo el ángel, como si eso pudiera tranquilizar a María—. Dios te ha elegido para algo muy especial. Vas a tener un hijo: el hijo de Dios. Y lo llamarás *Jesús*.

María quedó totalmente estupefacta: ¿cómo podía ser cierto lo que decía el ángel?

—No es posible que yo tenga un hijo —respondió—. Aún no estoy casada y sé que no es posible que esté embarazada.

—Será obra del poder de Dios —explicó el ángel—. Todo es posible para Él.

María respondió —Bien, que así sea. Mi deseo es cumplir lo que Dios quiere.

Lo que el ángel le dijo era cierto. María pronto descubrió que estaba embarazada.

Pero su futuro marido, José, se sintió muy desdichado.

—No ha sido fiel a su promesa de casarse conmigo —se dijo, preocupado—. Tengo que cancelar la boda.

Esa noche, José se durmió sin saber qué era lo que tenía que

hacer. Entonces, un ángel se le apareció en el sueño.

—José, tú también eres parte del plan de Dios —le dijo—. Dios quiere que cuides a María y a su hijo.

José, que era un hombre muy bueno y amaba a María, aceptó.

En ese tiempo, el emperador de Roma dio una orden: quería una lista de todos los ciudadanos de su imperio. José y María (cuyo embarazo ya se notaba) tuvieron que viajar a la ciudad natal de José, Belén, para anotar sus nombres en esa lista.

Cuando llegaron a Belén, descubrieron que estaba llenísima de gente.

—Tenemos que encontrar un lugar donde hospedarnos —dijo María, ansiosa—. El bebé nacerá pronto.

Lo mejor que pudieron conseguir fue un establo, y lo compartieron con algunos animales. Allí, esa noche, María tuvo a su bebé. Un pesebre para la comida de los animales sirvió de cunita abrigada para el niñito Jesús. José y María, conmovidos, abrazaban con amor al bebito.

En las colinas cercanas había unos pastores que cuidaban sus ovejas. De repente, se les apareció un ángel y les anunció: —¡No tengan miedo! Esta noche, en Belén, ha nacido un niño: el rey que ha enviado Dios para salvarlos a ustedes y a todo el mundo. Vayan a verlo: encontrarán al bebé acostado en un pesebre.

Entonces, durante un momento dorado, el cielo se llenó de ángeles y todos, llenos de alegría, cantaban: *¡Gloria a Dios en el cielo y paz en la tierra!* ¡Fue como si el cielo hubiera bajado a la tierra!

Cuando los ángeles desaparecieron en el cielo, los pastores fueron corriendo hacia Belén y allí encontraron al niño Jesús.

Por el mismo tiempo, unos sabios magos de Oriente avistaron

una estrella muy brillante en el cielo nocturno. —¡Es una señal especial —dijeron— que indica que ha nacido un nuevo rey!

Los sabios reyes magos fueron siguiendo la estrella durante muchos kilómetros hasta la hermosa ciudad de Jerusalén. —Estamos buscando a un nuevo rey —dijeron—. ¿Saben dónde está?

El rey de Jerusalén era un hombre cruel llamado Herodes. ¡Herodes no quería un rival! Ya se había deshecho de sus enemigos antes, y estaba listo para volver a hacerlo. Pero, primero, mandó llamar a sus consejeros.

—Nuestros profetas han anunciado que Dios va a enviarnos un rey —les dijo—. ¿Han dicho también dónde nacerá ese rey?

—En Belén —le respondieron.

Entonces, Herodes envió a los reyes magos a Belén, insistiendo en que regresaran para contarle dónde habían encontrado al bebé.

Cuando los magos se acercaban a la ciudad, vieron que la estrella estaba sobre una casa, donde encontraron a María, a José y al niño Jesús. La estrella los había guiado bien: ¡allí estaba el rey! En adoración le entregaron sus regalos de oro, incienso y mirra.

Los reyes sabios no regresaron a ver a Herodes, pues, en un sueño, un ángel les advirtió que volvieran por otro camino.

Un ángel también le habló a José: —Llévate a María y al niño. Herodes quiere hacerles daño. Escapen ahora, durante la noche.

José obedeció y guió a su pequeña familia hasta el lejano Egipto. Allí vivieron seguros hasta que llegó el momento de regresar a casa, a Nazaret. ❧

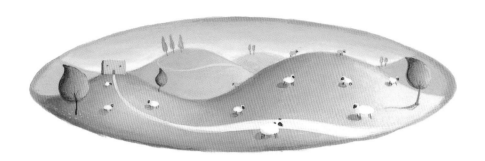

¡Jesús ha desaparecido!

El pueblo de Israel atesora las historias antiguas de su gente. La historia más importante era la de Moisés. Todos los años celebraban una fiesta especial, la Pascua, para recordar el momento en que Dios ayudó a Moisés a guiar a su pueblo hasta una tierra nueva.

TODAS LAS PERSONAS que Jesús conocía en Nazaret aguardaban ansiosas la Pascua. Familias y amigos siempre se reunían para compartir una comida especial. Y todos los que podían peregrinaban a la gran ciudad de Jerusalén para participar en las importantes celebraciones que se realizaban en el Templo.

María y José iban a Jerusalén todos los años, pero a Jesús no lo llevaron hasta que cumplió doce años. Entonces, como siempre, un buen grupo viajó desde Nazaret. Todo el grupo se sentía como una gran familia y Jesús no necesitaba estar con sus padres todo el tiempo: los demás también cuidaban de él.

Cantando y rezando, llegaron a Jerusalén sin problemas y disfrutaron mucho de la fiesta. Los días pasaron rápidamente y

pronto llegó el momento de volver a casa.

Caminaron durante todo un día. Cuando comenzó a caer la noche, María empezó a preguntarse dónde estaría Jesús. No lo veía desde… desde… bueno, desde hacía mucho. El grupo avanzaba un poco disperso, y María y José fueron de un lado a otro preguntando a todos: —¿Han visto a Jesús? ¿Saben dónde puede estar?

Nadie lo había visto. ¡Nadie lo había visto en todo el día!

¿Dónde se había quedado? María estaba muy preocupada. ¿Cómo era posible que nadie hubiera notado que faltaba?

En su interior, María estaba muy molesta consigo misma. *¿Cómo no se había dado cuenta de que Jesús no estaba? ¿Y cómo su esposo tampoco se había dado cuenta?*

Y no estaba nada contenta con Jesús: *¿por qué se había quedado rezagado?* También sintió miedo: *¿y si estaba perdido y asustado? ¿Y si le había sucedido algo terrible?*

Los padres de Jesús volvieron casi corriendo a Jerusalén. Hallaron un lugar para pasar la noche y poder buscarlo por toda la ciudad al día siguiente. Fueron a todos los lugares donde habían estado con Jesús y preguntaron por él a todos los que conocían. Pasaron tres días y no lo habían encontrado. La situación era desesperante.

—Volvamos al templo —dijo María—. Allí va todo el mundo durante la Pascua.

Volvieron al enorme patio del templo. Avanzaron entre la

multitud hasta el edificio blanco y brillante que había en el centro. En el patio, hombres y mujeres rezaban, y los sacerdotes caminaban hacia el altar santo que estaba detrás. Dieron la vuelta por afuera del edificio. Dieron la vuelta a todo el patio y llegaron a un lugar donde había un techo que resguardaba del sol; allí algunas personas se habían reunido a conversar.

Y ¡por fin! vieron a Jesús. María casi pasa sin verlo, porque estaba rodeado de un grupo de maestros de religión, hombres mayores que parecían muy solemnes y serios al lado del niño.

Jesús les hacía preguntas y, a su vez, contestaba las de ellos. Los maestros estaban muy impresionados por todo lo que les decía.

María corrió hasta Jesús. —¿Por qué no viniste con nosotros? —le dijo, casi gritando—. Tu padre y yo estábamos terriblemente preocupados. ¡Llevamos muchos días buscándote!

Jesús la miró, sorprendido. —¿Por qué me buscaban? —le respondió—. ¿No sabían que debo estar en la casa de mi Padre?

María frunció un poco el ceño. *¿Qué quería decir Jesús?* Pero luego recordó lo preocupados que habían estado. —Bueno —respondió bruscamente—. Ha sido una verdadera pesadilla para nosotros. ¡Nunca vuelvas a hacer algo así!

De inmediato, Jesús se levantó y regresó con sus papás.

Sano y salvo de vuelta en Nazaret, Jesús siguió siendo tan obediente como siempre. Y estaba muy interesado en conocer las antiguas historias de su pueblo, las leyes que Dios había dado en tiempos de Moisés y las enseñanzas de los profetas.

—Es un joven muy sabio —comentaban los vecinos—. Y muy juicioso. No está nada mal para un chico común de Nazaret que trabaja como ayudante de carpintero. ❧

El agujero en el techo

Cuando Jesús se hizo mayor, todos en Nazaret esperaban que se dedicara al mismo oficio que su padre: la carpintería. Pero él sorprendió a todos: se convirtió en predicador e iba por los pueblos anunciando el Reino de Dios y enseñando que todos somos hijos amados de Dios.

Las cosas que él decía sonaban nuevas y diferentes, y muchas personas se acercaban a escucharlo. También se decía que podía hacer milagros, y muchos se acercaban a Jesús porque querían ver uno de esos milagros.

EN LOS PUEBLOS y ciudades cerca de Nazaret, todos hablaban de Jesús. —La gente de Cafarnaún dice que lo han visto hacer milagros —dijo uno—. Voy a averiguar más. ¡A ver si, por una vez, sucede algo emocionante por aquí!

Jesús estaba en una casa junto al lago, hablando a la gente que se había reunido para escucharlo. También se habían acercado los maestros de religión, que ocupaban los mejores lugares.

Llegaba cada vez más y más gente, que se amontonaba junto a la puerta y fuera de la casa. Entonces se acercaron cuatro hombres

que llevaban a un amigo sobre una esterilla, a modo de camilla: su amigo era paralítico, no podía caminar. —Si pudiéramos conseguir que Jesús lo viera, quizás se curaría —decían los amigos.

—Si pudiéramos llegar hasta él... —dijo otro, dejando en el suelo el extremo de la esterilla que llevaba—. Pero no podremos abrirnos camino entre tanta gente.

Los otros tres hombres también bajaron la esterilla, para evitar que su amigo cayera al suelo. —¿Acaso hemos venido hasta aquí para nada? —murmuró uno— ¡Qué pérdida de tiempo!

—Yo no pienso rendirme —dijo otro—. Así que Jesús está rodeado por todas partes. Hmmm... hmmm... ¡Ajá!

—¿Qué estás planeando? —preguntó el hombre paralítico.

—El techo está libre —dijo su amigo—. ¡Podemos subir al techo y hacer un agujero! Y por ahí bajamos la esterilla con unas cuerdas... así conseguiremos que Jesús nos preste toda su atención.

—¡Qué idea más divertida! —exclamaron los otros tres amigos.

—¿Divertida para quién? —murmuró el hombre desde la esterilla.

Daba la impresión de que los dueños de casa usaban el techo para guardar cosas. Allí había un rollo de cuerda y una cesta con herramientas. El techo, sin embargo, estaba bastante descuidado e inestable, y no les costó mucho trabajo quitar unas tejas y un poco de yeso hasta que consiguieron abrir un hueco entre las vigas.

Abajo, en la habitación, la gente comenzó a notar que caían trozos de yeso como si estuviera nevando. —¿Te parece que este

techo es seguro? —empezaron a preguntarse unos a otros.

—Hmm, no sé. ¡Mira! ¡Hay gente arriba! Deben estar reparando el techo (y le hacía falta). Qué típico de los obreros que se les ocurra trabajar justo en un día tan ocupado como hoy.

Todos seguían preguntándose por qué el agujero en el techo se hacía cada vez más grande. Y una exclamación de asombro recibió al hombre en la esterilla cuando sus amigos lo bajaron desde el techo hasta los pies de Jesús.

Las personas que tenían los mejores lugares se sintieron

ofendidas: habían venido desde lejos para averiguar si este joven predicador era confiable, y esto parecía una especie de broma.

Pero a Jesús no parecía importarle. Más bien, se mostraba muy impresionado por los esfuerzos que habían hecho los cuatro hombres. Era evidente que estaban convencidos de que Jesús podía ayudar a su amigo. Jesús le habló al hombre que estaba en la esterilla: —Tus pecados te son perdonados.

Los maestros se molestaron mucho. —¿Cómo se atreve a decir eso? —decían—. Sólo Dios puede perdonar los pecados.

Jesús los miró. —¿Por qué se enfadan? —les preguntó—. Puedo decirle: "Tus pecados te son perdonados", o "Levántate, toma tu esterilla y vete". Ahora verán que puedo perdonar los pecados.

Jesús volvió a mirar con amor al hombre paralítico y le dijo: —Levántate, toma tu esterilla y vete a casa.

De inmediato, el hombre se puso a caminar. Todos quedaron asombrados y no podían dejar de hablar de lo que habían visto.

Ni siquiera se preocuparon por saber cómo y cuándo se reparó el techo... si es que alguna vez se arregló. ❧

La tormenta en el lago

Jesús eligió a doce amigos, los apóstoles, que lo ayudaban y aprendían de él mientras iban de un lado a otro. Jesús siempre quería enseñarles a todos cosas sobre Dios y sobre cómo ser amigos de Dios.

UNA TARDE, Jesús y sus amigos llegaron a la orilla del lago. Jesús decidió cruzar a la otra orilla, que era más tranquila. Como algunos de sus amigos eran pescadores, tenían una barca y sabían cómo conducirla.

Era un atardecer sereno cuando Jesús y sus amigos partieron. El aire estaba tranquilo y casi no impulsaba la gran vela blanca de la barca. El sol comenzó a desaparecer. El rojo y naranja del cielo se diluyeron en violeta y gris. Pronto, la barca se convirtió en una forma oscura sobre el agua negra. Se hizo de noche. Acurrucado en una esquina de la barca, Jesús pronto se quedó dormido.

En la noche fresca, una suave brisa llegó desde las montañas y se arremolinó en el lago, agitando el agua. Parecía suspirar y desaparecía detrás de las montañas para volver al rato un poco más

fuerte, girando como una bailarina solitaria en una pista de baile. Casi sin advertencia previa, cientos de brisas llegaron bailando para unírsele.

Al principio, la barca avanzó un poco más rápido, agitando las olas a su paso. Después comenzó a mecerse hacia arriba y hacia abajo sobre el agua agitada. Los hombres se miraron, preocupados. Sabían que el clima podía cambiar rápidamente y se encontraban justo en medio del lago, a mucha distancia de la orilla.

—El puerto más cercano está por ahí —dijo uno bruscamente—. Gira la barca.

Pero, inesperadamente, llegó la tormenta. Las olas comenzaron a levantarse y a romper una y otra vez. Alzaban la barca y luego la lanzaban hacia abajo. Caía espuma sobre los amigos de Jesús y comenzó a juntarse agua en el fondo de la barca.

—¡Despierta, Jesús, despierta! —gritó uno de sus amigos—. ¡Vamos a morir! ¿Acaso no te importa?

Jesús se despertó. Miró a su alrededor, somnoliento. No parecía en absoluto alarmado.

—¡Vamos, necesitamos ayuda! —gritó otro de los pescadores—. ¡Debemos estabilizar la barca o naufragaremos!

Jesús se puso de pie. Levantó una mano con suavidad y le habló al viento.

—¡Silencio! —dijo.

Después miró a las olas embravecidas—. ¡Quietas! —susurró.

De inmediato, el viento amainó y se alejó tímidamente. Las olas se calmaron y el lago volvió a brillar. Hacia el este, los bordes de las nubes oscuras se pusieron dorados.

Jesús se volvió a sus amigos. —¿Por qué estaban asustados? —les preguntó con calma—. ¿Acaso no tienen fe?

Sus amigos se miraron unos a otros, asombrados. Entonces Jesús volvió a recostarse y se quedó dormido enseguida. Los hombres desplegaron la vela y llevaron la barca hasta la orilla.

Entre los amigos de Jesús, había uno que casi nunca se subía a las barcas. Ahora estaba totalmente conmocionado. —Pensé que esa tormenta nos ahogaría a todos —comentó tembloroso—. Pero yo no era el único asustado, ¿no?

—No —le respondieron—. Fue muy peligroso. La peor tormenta que vi en mi vida. Todavía no puedo creer que estemos a salvo.

—¿Cómo creen que hizo Jesús para calmar la tormenta? —murmuró un tercero.

—Ni idea —dijeron los demás, encogiéndose de hombros.

Todos se volvieron para mirar a Jesús, con los ojos enormes por el asombro.

—Debe haber en él algo más que no entendemos —dijeron. ⮐

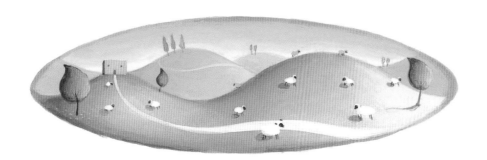

La ovejita perdida

Jesús pasaba mucho tiempo enseñando y predicando. A menudo contaba historias con un significado especial: parábolas. Ésta es una de ellas.

Un día como tantos otros, una gran muchedumbre se acercó a Jesús para escucharlo hablar. Entre la gente había muchas clases de personas.

Algunas eran muy religiosas. Eran personas que estudiaban mucho para asegurarse de que comprendían las leyes de Dios. Eran personas decentes, que realmente trataban de hacer lo que consideraban correcto. Por desgracia, algunos se habían vuelto bastante soberbios y despreciaban a las personas que se equivocaban o hacían cosas malas.

Otras personas que habían venido a ver a Jesús no eran tan religiosas. De hecho, había muchos entre la multitud con fama de hacer cosas malas. Pero parecía que Jesús les gustaba, y eso probablemente se debía a que él los hacía sentirse bienvenidos.

—Pero —refunfuñaron las personas religiosas—, ¿qué clase de

maestro es Jesús si tiene amigos como ÉSOS? ¡Dime con quién andas y te diré quién eres!

Jesús sabía lo que decían, y entonces contó esta historia:

—Imaginen que son pastores —comenzó—, pastores que cuidan cientos de ovejas.

Buen número, pensaron los oyentes; *un buen rebaño.*

—Imaginen —continuó Jesús— que un día pierden una de las ovejas.

Aún quedan noventa y nueve, pensaron los que escuchaban. *Sigue siendo un buen rebaño, pero ¡qué frustrante perder una!*

—¿Qué harían? —preguntó Jesús.

—¡Buscar la oveja perdida! —gritó alguien de entre la gente—. Dejaría a otra persona cuidando del rebaño. Siempre hay algún niño cerca que puede hacerlo perfectamente.

—Por supuesto —dijo Jesús—. Dejarían las noventa y nueve ovejas pastando tranquilamente y saldrían a buscar la que se ha perdido.

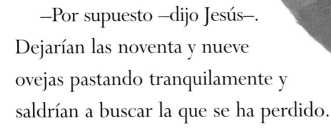

—¡Y no nos rendiríamos! —aseguró un pastor.

—Las ovejas pueden alejarse mucho —agregó otro—. Es preciso buscarlas sin descanso. Yo he tenido que andar kilómetros para encontrar alguna. ¡No se le puede pedir ese esfuerzo a otra persona, se los aseguro!

—Exactamente —dijo Jesús—. Todos los buenos pastores saben que hay que seguir buscando hasta que la oveja aparece. Luego la toman en brazos y la llevan a casa. ¿Y que harían entonces?

—¡Una fiesta! —dijo otro pastor—. Llamar a todos los amigos.

—Organizarían una gran celebración —agregó Jesús—. Es importante que recuerden eso. Porque es más o menos lo que pasa en el Cielo cuando alguien que se portaba mal se arrepiente. Cuando un pecador comprende que está haciendo mal las cosas y decide corregirlas, casi se puede oír festejar a los ángeles.

—¡Buena historia! —dijo uno de los que lo escuchaban. Todos comprendieron que Jesús estaba hablando de ellos.

—Jesús entiende muy bien el trabajo de los pastores —comentaron muchos de los que trabajaban la tierra.

—Está loco —murmuraron algunos de los líderes religiosos—. Está loco y probablemente sea peligroso.

Era triste pero cierto: Jesús y los líderes religiosos no estaban de acuerdo. Pero muchas otras personas seguían a Jesús como las ovejas siguen a su pastor. ᶘ

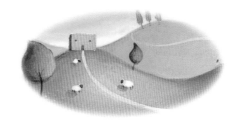

El buen samaritano

Esta historia es una de las parábolas más famosas de todas las que Jesús contó. Nos invita a pensar de qué manera debemos tratarnos unos a otros.

JESÚS VIO acercarse al hombre. Vio su sonrisa: mitad engreída, mitad aduladora. Vio su manto de oración con flecos muy largos... señal de los hombres que se consideraban religiosos.

—Buenos días, Maestro —le dijo a Jesús—. Como puedes ver, yo también soy maestro de las leyes de Dios. He oído sobre tu sabiduría, y por eso he venido a hacerte una pregunta muy importante: ¿qué debo hacer para ganar la vida eterna?'

—Bueno, has leído los libros sagrados de nuestro pueblo —contestó Jesús—. ¿Qué nos dicen?

—Éstos son los dos mandamientos más importantes —dijo el hombre. Y entonando con voz religiosa, recitó—: "Amarás al Señor, tu Dios, con todo tu corazón, con toda tu alma, con toda tu fuerza y con toda tu mente. Amarás a tu prójimo como a ti mismo."

—Muy bien —dijo Jesús—. Haz eso y vivirás.

El hombre frunció el ceño. Jesús no le había dicho nada. Tenía que pensar otra pregunta si quería averiguar más sobre las enseñanzas de Jesús o, para ser más exactos, si quería descubrir qué tenían de malo esas enseñanzas. —Pero, ¿quién es mi prójimo? —preguntó.

Jesús le contó una historia: —Un hombre viajaba desde Jerusalén a Jericó. Iba por un camino solitario que atravesaba las colinas. De pronto, unos ladrones salieron de su escondite y se abalanzaron sobre él. Lo derribaron, le robaron su dinero y lo golpearon. Después huyeron, dejándolo medio moribundo.

El hombre se estremeció. Historias de robos como ésos se escuchaban todas las semanas y hacían que un hombre honesto como él tuviera miedo al viajar.

Jesús continuó. —Un sacerdote del Templo pasó caminando por el mismo sitio. Vio al hombre, pero no quiso involucrarse. Después de todo… podía estar muerto. Intentando mirar sólo hacia delante, avanzó apresuradamente por un costado del camino.

Luego pasó un ayudante del mismo Templo, un levita. Vio al

hombre y se acercó para examinarlo. "A mí no me toca ocuparme de él", pensó y también se apresuró a seguir su viaje. Y luego apareció un tercer hombre —siguió Jesús—. Un samaritano.

El otro enarcó las cejas. Los samaritanos tenían ideas extrañas acerca de la religión. No sólo ideas extrañas... ideas equivocadas, según establecían todos los maestros de la Ley.

—El samaritano vio al hombre —dijo Jesús—, y se compadeció. Le limpió las heridas y se las vendó. Luego lo subió a su propio burro y lo condujo hasta una posada. Allí cuidó de él.

Como al día siguiente tenía que seguir viaje, antes de marchar sacó dos monedas de plata de su bolsa y se las dio al posadero.

—Cuida a este hombre por mí —dijo—. Y lo que gastes de más, yo te lo pagaré a la vuelta.

Jesús sonrió al maestro de la Ley. —¿Qué te parece? ¿Cuál de los tres hombres que pasaron trató al herido como a su prójimo?

—Es obvio —respondió el hombre. Hizo un gesto de desagrado al tener que decir algo bueno sobre un samaritano—. El que fue amable con él.

Jesús le contestó: —Entonces ve y haz tú lo mismo.

Jesús en Jerusalén

Jesús sabía que había elegido un camino difícil. Desde el momento en que se dedicó a enseñar sobre el amor y el perdón de Dios, supo que podía tener problemas con las autoridades religiosas.

ERA UN DÍA BRILLANTE de primavera. El camino a Jerusalén estaba lleno de gente. Faltaban pocos días para la gran fiesta de la Pascua, que recordaba cuando Dios había guiado a su pueblo hacia la libertad, hacía mucho, mucho tiempo. Todos querían estar en Jerusalén para adorar a Dios en su Templo.

—Nosotros también iremos a Jerusalén —les dijo Jesús a sus amigos. Y les indicó dónde encontrarían un burro que pudiera llevarlo a él durante los últimos kilómetros.

A medida que el burro avanzaba por el camino, la gente del camino se apartaba. —Es Jesús —susurró alguien—. No suele viajar a lomos de un animal. Quizás esta visita sea algo especial.

—Parece un rey que se dirige a recuperar su ciudad y su trono —dijo otro—. Claro que un rey iría a caballo, y tendría un ejército...

—Sí, pero quizás con toda esta gente de su lado, podrá mostrar quién manda en Jerusalén —agregó otro—. A nadie le gusta el gobernador romano Poncio Pilato.

Entonces se oyó un grito fuerte y claro: —¡Bendito el rey que viene en el nombre del Señor!

Y todos comenzaron a repetirlo—: ¡Viva el rey! ¡Viva el rey!

Algunas personas se quitaron las capas de los hombros y las

echaron al suelo, frente al burro. Otras cortaron ramas de las palmeras que crecían al costado del camino y las agitaron como si fueran banderas. —¡Aleluya! —gritaban todos, y comenzaron a bailar y a cantar canciones acerca del rey enviado por Dios. Se respiraba un aire de revolución.

Cuando llegaron a la ciudad, Jesús se dirigió al Templo. Dentro del gran patio, todos se estaban preparando para la fiesta. ¡Qué estruendo! Los dueños de los puestos vendían los animales para los sacrificios del festival; otros cambiaban dinero normal por el dinero especial necesario para hacer las ofrendas en el Templo. Jesús escuchaba cómo todos gritaban y discutían, y con razón: los vendedores cobraban precios ridículamente altos. Era muy injusto.

Jesús se enfadó. Comenzó a derribar los puestos y a echar a los vendedores. —¡Son peores que los ladrones! —les gritó—. ¡Ésta es la casa de Dios!

Las monedas rodaron por el suelo y unos corderitos se escaparon corriendo por el patio. Una bandada de palomas voló hacia el cielo mientras las personas gritaban con miedo y enfado.

El ruido atrajo a los sacerdotes y a los maestros de la Ley, que salieron corriendo del edificio del templo. —¿Qué pasa aquí? —preguntaron. Cuando descubrieron que Jesús había causado el lío, su enojo aumentó—. Tenemos que deshacernos de ese hombre —murmuraron entre ellos—. Rápido, antes de que cause más problemas con sus historias locas y sus seguidores alborotados.

Y comenzaron a hacer sus planes... Al final, todo resultó muy fácil. Judas Iscariote, uno de los amigos de Jesús, decidió traicionar a su maestro. Fue a ver en secreto a los sacerdotes e hizo un trato con ellos: por treinta monedas de plata se comprometió a decirles cuándo podrían encontrar a Jesús solo.

Jesús estaba muy triste: parecía saber qué estaba pasando. Y se reunió con sus amigos para compartir la cena de Pascua.

Tomó el pan y lo repartió a sus amigos:

—Coman esto —dijo—. Es mi cuerpo, que se entrega para que ustedes tengan vida eterna.

Después les pasó el vino diciendo: —Ésta es la copa de mi sangre, la sangre de la nueva alianza de Dios, que se derramará para el perdón de los pecados. Hagan también ustedes esto en mi memoria.

Luego todos cantaron un himno y fueron hasta un monte donde crecían olivos. Jesús se adelantó en la oscuridad para rezar.

Judas ya se había marchado y regresó entrada la noche, junto con un grupo de soldados que atraparon a Jesús y lo arrestaron. Los otros amigos de Jesús escaparon por miedo a perder la vida.

Los soldados llevaron a Jesús frente a los sacerdotes, que lo sometieron a juicio interrogándolo, insultándolo y culpándolo. Algunos contaron mentiras sobre él: aseguraron que Jesús había dicho cosas malas e irrespetuosas sobre Dios y que merecía morir.

Los sacerdotes ya estaban decididos y, durante la mañana, llevaron a Jesús ante el gobernador romano, Poncio Pilato. Sabían que a Pilato no le interesaba la religión de los judíos, pero querían persuadirlo para que aplicara la pena de muerte a Jesús.

—Es un rebelde peligroso —le aseguraron—. Debe eliminarlo.

El gobernador romano estaba perplejo. Había visto a muchos rebeldes y, para él, Jesús no era ningún agitador. Pero los sacerdotes habían hecho bien su trabajo y habían reunido a una gran multitud que estaba esperando cuando Pilato salió al balcón de su residencia. Era costumbre en la Pascua liberar a un prisionero. —¿Quieren que libere a Jesús? —preguntó.

—No, libera a Barrabás —le contestaron. Barrabás era un terrorista y un asesino.

—¿Qué quieren que haga con este hombre? —preguntó Pilato, señalando a Jesús.

—¡Crucifícalo, crucifícalo! —gritaron.

Pilato sabía que no tenía sentido discutir con la multitud.

—Llévenselo y crucifíquenlo —ordenó a los soldados.

Parecía que todo lo que había soñado hacer Jesús se había esfumado. ༄

La cruz y la resurrección

Al morir en la cruz, Jesús mostraba su amor inmenso e incondicional por cada persona… ¡incluso por los que lo clavaron a la cruz! Pero a los tres días, los amigos de Jesús se llevaron una sorpresa gigante: ¡Jesús, el Hijo de Dios, estaba realmente vivo…!

HACE MUCHO TIEMPO, un viernes de primavera, los soldados romanos en Jerusalén tenían que crucificar a tres prisioneros. Uno de ellos se llamaba Jesús. —¿Qué ha hecho éste? —preguntó el oficial—. No puede ser uno de esos terroristas anti-romanos o yo lo conocería.

—No, es uno de esos locos religiosos —dijo otro de los soldados—. Por algún motivo, a los peces gordos del Templo no les gusta. Mira, éste es el cartel que tenemos que colgar en lo alto de la cruz: "Éste es el rey de los judíos." Esa gente siempre está soñando con un rey que los libere.

Llevaron a los prisioneros fuera de la ciudad, a un lugar

llamado *Gólgota*, que significa "calavera". Allí los crucificaron, clavándolos a cruces de madera que dejaron plantadas en el suelo.

—Ese Jesús tenía una túnica bastante buena —dijeron los soldados—. Mejor no la rompamos; juguémosla a los dados y el ganador se la llevará entera.

Mientras los soldados jugaban a los dados al pie de las cruces, la gente comenzó a acercarse para burlarse de Jesús. —Así que tú pensabas que eras el rey elegido, ¿verdad? —le gritaron—. ¡Vamos! ¡Demuéstranos lo poderoso que eres! Sálvate si puedes.

Uno de los otros prisioneros crucificados insultaba a Jesús. —¡Sí, sácanos de esto! —se burló.

—Déjalo tranquilo —dijo el otro—. Sabemos por qué hemos terminado aquí. Pero Jesús no ha hecho nada malo.

Después, mirando a Jesús, le preguntó: —¿Te acordarás de mí?

Jesús asintió: —Hoy estarás conmigo en el Paraíso —le dijo.

Después, Jesús miró a los soldados y dijo: —Padre, perdónalos porque no saben lo que hacen.

Al mediodía, el sol dejó de brillar y todo se volvió oscuro como si fuera de noche. A las tres de la tarde, Jesús habló con voz fuerte: —Padre, en tus manos encomiendo mi espíritu. —Y murió.

El oficial romano estaba sorprendido. —Ese Jesús era realmente un buen hombre —admitió—. Algunos dicen que era el Hijo de Dios. Y yo lo creo. —Se encogió de hombros. Él sólo había obedecido órdenes.

Los amigos de Jesús que se habían reunido cerca de la cruz comenzaron a alejarse. Habían creído en Jesús y en sus enseñanzas, pero ahora todo había terminado. Ya no valía la pena esperar que pasara un milagro.

Sólo un hombre fue lo suficientemente valiente para ir a ver a Pilato y pedirle el cuerpo de Jesús. José de Arimatea seguía a Jesús sin hacerlo público. Tenía bastante dinero y su propia tumba ya estaba comprada. Dispuso que el cuerpo se colocara dentro de la cueva. Luego pidió que se la cerrara con una gran roca.

El sol comenzó a ocultarse. El viernes estaba terminando y comenzaba el sábado. Los amigos de Jesús tenían que respetar el día de descanso, y regresaron al lugar en el que se hospedaban.

El domingo a la mañana, temprano, algunas de las mujeres que habían acompañado a Jesús regresaron a la tumba a fin de preparar el cuerpo para enterrarlo. —¿Podremos mover la piedra de la entrada? —se preguntaban unas a otras—. Es muy pesada.

Pero cuando llegaron a la tumba, la entrada ya estaba abierta. Cerca había dos figuras con vestimentas brillantes: ¡eran ángeles! —¿Por qué buscan entre los muertos al que está vivo? —les preguntaron a las mujeres—. Jesús no está aquí. ¡Ha resucitado!

Las mujeres quedaron impresionadísimas. Corrieron a

contárselo a los otros amigos. *¿Jesús estaba vivo? ¿Cómo era posible que sucediera algo así?*

Durante los siguientes días, todos pudieron ver a Jesús. Pudieron tocarlo. Comieron con él y lo escucharon. Jesús quería que comprendieran el sentido de todo lo que había sucedido a lo largo de su vida, y el significado de su muerte y su resurrección.

Todo ese tiempo, Jesús había venido al mundo para enseñar cuánto nos ama Dios. Ahora era el turno de sus amigos: ellos debían anunciar al mundo la misma buena noticia: la noticia de que Dios se alegra de recibir a todos, porque todos somos sus HIJOS muy queridos.

La noticia de que nada, absolutamente nada (ni siquiera la muerte), puede apartar a las personas del amor eterno de Dios. ☙